L'AMBASSADEUR,

COMÉDIE-VAUDEVILLE EN UN ACTE,

PAR MM. SCRIBE ET MÉLESVILLE,

REPRÉSENTÉE, POUR LA PREMIÈRE FOIS, A PARIS, SUR LE THÉATRE DE MADAME, PAR LES COMÉDIENS ORDINAIRES DE S. A. R., LE 10 JUILLET 1826.

Prix : **2** francs.

PARIS,

POLLET, LIBRAIRE, ÉDITEUR DE PIÈCES DE THÉATRE,

RUE DU TEMPLE, N° 36, VIS-A-VIS LA RUE CHAPON.

1826.

Le libraire **POLLET** est aussi éditeur des pièces ci-après. Les personnes qui s'adresseront directement à lui, jouiront d'une remise plus forte.

———

SYDONIE, ou la Famille de Meindorff, pièce en trois actes, de MM. *Cuvélier et Léopold*. » f. 75 c

LA PRISE DE CORPS, ou la Fortune inattendue, par M. *Léopold*............ » 50

OGIER LE DANOIS, ou le Temple de la Mort, pièce en trois actes, de MM. *Cuvélier et Léopold*...... » 75

LA SOLITAIRE, ou le Morceau d'ensemble, comédie-vaudeville en un acte, de MM. *Merle*, *Carmouche et de Courcy*...... 1 50

LA PARTIE FINE, ou le Ménage du Marais, vaudeville en un acte, de MM. *Carmouche et de Courcy*. 1 25

LES CINQ COUSINS, vaudeville-épisodique en un acte, de MM. *Maréchalle et Ch. Hubert*......... » 75

L'ARMURE, ou le Soldat Moldave, mélodrame en trois actes, de MM. *Cuvélier et Léopold*............. » 75

LE DÎNER D'EMPRUNT, ou les Gants et l'Épaulette, vaudeville en un acte, de MM. *Décour et Ch. Hubert*.. 1 50

LES DEUX ÉTUDIANS, ou le Portrait de mon Oncle, comédie en un acte et en vers de MM. *Amédée* et *Jouslin de la Salle*.... 1 50

LES COURTISANS, ou la Barbe de Neptune, vaudeville en un acte, de MM. *Dupin et T. Sauvage*.... 1 25

LE PETIT ESPIÈGLE ET LA BONNE SŒUR, enfantillage en un acte, mêlé de couplets, par MM. *Maréchalle* et Hubert.

L'AUVERGNAT, ou le Marchand de Peaux de Lapin, comédie en un acte et en prose, de MM. *Maréchalle et Auguste G**.* » 75

CHACUN SON NUMÉRO, ou le Petit Homme Gris, comédie-vaudeville en un acte, de MM. *Boirie*, *Daubigny et Carmouche*... 1 25

ATHÈNES A PARIS, ou le Nouvel Anacharsis, comédie-vaudeville en un acte, de MM. *de Rougemont*, *Gabriel et Sauvage*...... 1 50

MICHEL ET CHRISTINE, vaudeville en un acte, de MM. *Scribe et Dupin*.. 1 50

ÉLODIE, ou la Vierge du Monastère, mélodrame en trois actes, à grand spectacle, imité du Solitaire de M. d'Arlincourt; précédé de la BATAILLE DE NANCY, prologue en un acte, par M. *Victor Ducange*................ 1 »

LA DEMOISELLE ET LA DAME, OU AVANT ET APRÈS, comédie-vaudeville en un acte, par MM. *Scribe*, *Dupin* et *F. de Courcy*......... 1 50

LE CHATEAU DE KENILWORTH, mélodrame en trois actes, par MM. *Boirie et Lemaire* 1

LE COURRIER DE NAPLES, mélodrame historique en 3 actes, par MM. *Boirie*, *d'Aubigny et Poujol*... » 75

PAOLI, ou les Corses et les Génois, mélodrame en 3 actes, par M. *Frédéric*.. 1 »

L'AMBASSADEUR,

COMÉDIE-VAUDEVILLE.

ROMANS NOUVEAUX DONT JE SUIS ÉDITEUR.

(Extrait de mon Catalogue.)

	fr.	c.
LÉONIDE, *ou* la Vieille de Surène, par *Victor Ducange;* 5 vol. in-12	15	»
LA LUTHÉRIENNE, *ou* la famille Morave, par le même ; 6 vol. in-12	20	»
LE MÉDECIN CONFESSEUR, *ou* la Jeune émigrée, par le même ; 6 vol. in-12	20	»
LES TROIS FILLES DE LA VEUVE, par le même ; 6 vol. in-12	21	»
LE TARTARE, *ou* le Retour de l'Exilé, par *A. de Vieillerglé;* 4 vol. in-12	10	»
LA SŒUR DE SAINT-CAMILLE, *ou* la Peste de Barcelone, par le chevalier de *Propiac*; 2 vol. in-12, fig	6	»
LES DEUX FORÇATS, *ou* le Dévouement fraternel; histoire de deux Amans du Puy-de-Dôme, publiée par *Henry-Simon*; 2 vol. in-12	5	»
ISABELLE HASTINGS, par *Williams Godwins*, auteur des *Aventures de Caleb Williams*, ou les Choses comme elles sont; 4 vol. in-12	10	»
MICHEL ET CHRISTINE, 3 vol. in-12	7	50
LE CENTENAIRE, *ou* les Deux Beringheld, par *Horace de Saint-Aubin*; 4 vol. in-12	10	»
LE SERF du 15e Siècle, par *Dinocourt;* 4 vol. in-12, fig	12	»
LE CAMISARD, par le même ; 4 vol. in-12, fig	12	»
L'HOMME DES RUINES, par le même ; 4 vol. in-12, fig	12	»
L'ÉTENDARD DE LA MORT, *ou* le Monastère des Frères noirs, par le baron *de Lamothe-Langon;* 4 vol. in-12, fig	12	»
COLAS ET COLETTE, *ou* les Heureuses Victimes, par *Fourquet-d'Hachette*; 2 vol. in-12	5	»
PROFILS DES CONTEMPORAINS, par NAPOLÉON; 1 vol. in-12	3	»
DIX AVENTURES DE GARNISON, par M. *Montigny;* 2 vol. in-12, fig	5	»
LE VINGT-UN JANVIER, *ou* la Malédiction d'un père, par l'auteur de M. LE PRÉFET; 3 vol. in-12	7	50
ADIEU, par mesdames *Marie d'Heures*, et *Renée Roger*, suivi de Trois Époques de la vie d'un jeune homme, par madame *Marie d'Heures*, auteur de JEANNE SHORE; 4 vol. in-12	12	»
LE BOURREAU DE DRONTHEIM, *ou* la Nuit du Treize Décembre, trad. de l'allemand de Mulner, par M. *Collin de Plancy*; 2 vol. in-12, fig	6	»

L'AMBASSADEUR,

COMÉDIE-VAUDEVILLE EN UN ACTE,

PAR MM. SCRIBE ET MÉLESVILLE,

REPRÉSENTÉE, POUR LA PREMIÈRE FOIS, A PARIS, SUR
LE THÉATRE DE MADAME, PAR LES COMÉDIENS ORDI-
NAIRES DE S. A. R., LE 10 JUILLET 1826.

* * *

Prix : **2** francs.

* * *

PARIS,

POLLET, Libraire, Éditeur de Pièces de Théatre,
RUE DU TEMPLE, N° 36, VIS-A-VIS LA RUE CHAPON.

1826.

PERSONNAGES.	ACTEURS.
LE COMTE D'ARANZA, envoyé d'Espagne à Naples.	M. DORMEUIL.
JULIETTE, sa fille.	Mme DORMEUIL.
FRÉDÉRIC DE CERNAY, jeune Français.	M. BÉRANGER.
SAINT-JEAN, valet français attaché au comte d'Aranza.	M. NUMA.
ZANETTA, jeune napolitaine. . . .	Mlle DEJAZET.
UN DOMESTIQUE	M. DUPUIS.
PLUSIEURS VALETS.	

La scène se passe à Naples, dans l'hôtel du comte d'Aranza.

NOTA. S'adresser, pour la musique de cette pièce et pour celle de tous les ouvrages représentés sur le Théâtre de MADAME, à M. THÉODORE, Bibliothécaire et copiste, au même Théâtre.

Vu au ministère de l'intérieur, conformément à la décision de S. Ex., en date de ce jour.

PARIS, le 23 Juin 1826.

Par ordre de Son Excellence,

Le chef du bureau des théâtres,

COUPART.

Imprimerie de DONDEY-DUPRÉ, rue St.-Louis, N° 46, au Marais.

L'AMBASSADEUR,

COMÉDIE-VAUDEVILLE EN UN ACTE.

Le théâtre représente un salon richement meublé. — Une table près de la cheminée, à droite de l'acteur. — A droite et à gauche, des portes qui conduisent aux appartemens du Comte et de sa fille. — Au fond deux fenêtres, et une porte donnant sur le jardin.

SCÈNE PREMIÈRE.

LE COMTE, JULIETTE.

LE COMTE.

Eh bien, ma chère Juliette, tu ne parais pas enchantée de notre nouvelle habitation ?

JULIETTE.

Non, mon père... et je vous avoue que je ne puis m'empêcher de regretter ce joli hôtel de la rue de Tolède, si élégant, si commode... C'était là un logement digne du comte d'Aranza, de l'envoyé d'Espagne.

LE COMTE.

Il était trop petit, et puis un quartier bruyant... un air épais, et malsain.

JULIETTE.

Qu'est-ce que vous dites donc, mon père ?... le plus beau quartier de Naples, près de tous les spectacles, et des magasins de modes... un air excellent.

LE COMTE, *souriant.*

Il ne peut valoir celui que l'on respire ici... dans un faubourg écarté, aux portes de la ville... ce beau jardin..

le Vésuve en face de nous.... c'est bien meilleur pour ta santé.

JULIETTE.

Est-ce aussi pour ma santé... que vous n'allez plus dans le monde ?.. que vous refusez toutes les invitations de bals, et de concerts... et que vous me condamnez à une retraite absolue.... moi qui voulais écrire mon voyage à Naples.

AIR *de l'Artiste.*

Comment puis—je connaître,
Ce séjour séduisant ?
Lorsque de ma fenêtre
Je le vois seulement...

LE COMTE.

C'est conforme aux usages....
Que d'écrivains fameux,
Qui font tous leurs voyages,
Sans sortir de chez eux !

JULIETTE.

Oui, oui ; voilà comme vous êtes toujours... Vous plaisantez quand vous ne voulez pas répondre... je vous dirai, mon père, que c'est là de la diplomatie.

LE COMTE.

Tu veux que je te parle sérieusement... Eh bien, ma chère Juliette, lorsqu'une mission temporaire me força de partir pour Naples, je ne pus me résoudre à me séparer de ma fille unique, je te retirai du couvent ; et en arrivant ici, je cédai à un petit mouvement d'orgueil paternel bien excusable... je te menai partout ; j'étais heureux de tes triomphes, des éloges que l'on te prodiguait.... peu à peu le cercle des admirateurs s'est augmenté au point d'alarmer ma prudence... nous avions vraiment à nous deux trop de succès... ; j'ai remarqué que l'on nous suivait à la sortie des promenades, que l'on épiait nos démarches....

JULIETTE, *un peu embarrassée.*

Quoi... mon père... vous croyez !...

LE COMTE.

Oui..... et c'était je crois pour toi seule, car, quelque.

agréable que soit la vue d'un ambassadeur, ils ne sont pas assez rares pour produire sensation... or, tu connais mes intentions à ton égard.

AIR *de la Robe et les Bottes.*
Si jamais je choisis un gendre,
Je veux qu'il vive en Espagne... avec moi;
D'après cela tu dois comprendre
Qu'un étranger n'aura jamais ta foi.
A ma patrie est mon premier hommage,
Mon pays doit avant tout l'emporter;
Et des trésors, que je crois mon ouvrage,
Je veux au moins qu'il puisse profiter.

Voilà pourquoi je ne reçois chez moi que des compatriotes... Voilà pourquoi j'ai supprimé les spectacles et les promenades... Il y a dans ce moment, à Naples, beaucoup de français fort aimables, fort séduisans... de jeunes militaires... de jeunes poètes qui viennent sous le ciel napolitain chercher des inspirations... tu aurais pu te préparer des chagrins... faire un choix....

JULIETTE, *troublée.*

Ah ! mon père !...

LE COMTE.

Eh ! bien, chère enfant.... te voilà toute émue ! qu'as-tu donc ?.. Juliette, est-ce que mes précautions auraient été prises trop tard ?..

JULIETTE, *baissant les yeux.*

J'en ai peur !

LE COMTE, *effrayé.*

Ah ! mon dieu, tu as distingué quelqu'un ?

JULIETTE, *hésitant.*

Je le crois... un jeune homme qui nous suivait partout, vous l'avez sans doute remarqué ?...

LE COMTE.

Ma foi, non... pour un père tous ces messieurs-là se ressemblent....

JULIETTE, *vivement.*

Oh ! celui-ci a une physionomie si douce, si modeste... Je suis tentée de croire que c'est un compatriote....

LE COMTE.

Un Espagnol ? impossible... il se serait fait présenter chez moi.... et quel est son nom ?

JULIETTE.

Je n'ai point osé le demander... quoique Saint-Jean le connaisse et en dise le plus grand bien...

LE COMTE.

Saint-Jean ! ce valet de chambre Français, que j'ai pris en arrivant à Naples... Je me doutais que le coquin était mêlé dans tout ceci...

JULIETTE.

Mon père....

LE COMTE.

Un drôle qui a mille fois abusé de mes bontés... qui se donne effrontément pour tout savoir ; qui ne m'est utile à rien : et qui s'avise d'intriguer dans ma maison.... Je suis charmé d'avoir enfin trouvé l'occasion de le mettre à la porte.

JULIETTE.

Je serais cause que ce pauvre garçon... Ah ! je vous en conjure...

LE COMTE.

Il suffit, mon enfant... calme-toi , et surtout prends courage.. ce n'est qu'une impression légère.. n'est-il pas vrai ?.. tu n'y penses pas souvent ?...

JULIETTE.

Oh ! non, mon père... de tems en tems... le matin... le soir...

LE COMTE, *à part.*

Oui.. toute la journée... (*à Juliette*) mais chut, chut... on vient, calme-toi, et n'en parlons plus.

SCÈNE II.

LES MÊMES, ZANETTA, *en petit costume de grisette napolitaine, un carton à la main.*

ZANETTA, *apercevant le comte et s'arrêtant toute décontenancée.*

Ah ! mon Dieu !... je me serai trompée de porte... Je vous demande bien pardon, monsieur.

LE COMTE.

Que voulez-vous, mon enfant ?

JULIETTE.

Ah ! c'est la petite Zanetta, ma lingère, et ma marchande de modes !

ZANETTA.

Je croyais être dans l'appartement de mademoiselle... C'est la première fois que je me présente à votre nouvel hôtel... et...

JULIETTE.

C'est bien... c'est bien... Je vous avais fait demander quelques broderies... mais, maintenant, ce serait inutile... je n'en ai plus besoin.

LE COMTE.

Pourquoi donc, ma chère amie ?... Je n'entends pas que mes projets de retraite te fassent négliger ta parure... la toilette d'ailleurs est, dit-on, une occupation, une consolation.

ZANETTA.

Monsieur a bien raison.

AIR : *Du Partage de la richesse.*
Oui, la toilette a toujours fait merveille,
A tous les maux c'est un remède sûr;
La mariée, en voyant sa corbeille,
Souvent oublie, hélas! son vieux futur.
J'ai même vu veuve gentille et belle,
Quelques instans suspendre ses hélas,
Pour demander à sa glace fidèle,
Si l'habit noir nuisait à ses appas.

Et tout le monde vous dira ici, qu'il n'y a point de déses-
poir qui tienne contre une pointe d'Angleterre, ou une toque
à la française.

LE COMTE, à sa fille.

Ne fût-ce que pour me plaire, allons, mon enfant.....
j'exige que tu choisisses ce qu'il y a de plus beau, de plus
élégant.... n'importe le prix....

ZANETTA.

Dieu! l'excellent père!...

LE COMTE, à Zanetta.

Vous avez là sans doute quelques objets de goût....

ZANETTA.

Oui, monsieur le comte... des pélerines à la Neige, des
plumes Robin des bois, des échantillons de rubans à la Joc-
ko.... c'est déjà un peu vieux.... (<i>elle présente une boîte
d'échantillons à Juliette, qui les examine avec son père</i>)
parce que le dernier envoi de Paris nous a manqué.... car
toutes les modes nous viennent de là... c'est un joug qu'il
faut subir... vous conviendrez que c'est bien humiliant d'être
obligé de copier servilement les bonnets de la rue Vivienne,
les robes de mademoiselle <i>Victorine</i> ou les chapeaux d'<i>Her-
bault</i>, quand on se sent capable de créer soi-même... mais
ces dames ne veulent rien que ça ne soit de l'école française.

LE COMTE, souriant.

C'est affreux!...

ZANETTA.

Et cependant l'école italienne a bien son mérite! Aussi,
si je pouvais jamais aller en France, m'établir à Paris....
avec les dispositions que j'ai, je suis sûre que je formerais
une maison distinguée.... je pourrais, à mon tour.... me li-
vrer à la composition; mais les frais de voyage, quand on
est orpheline et que l'on a éprouvé des malheurs.... Ah!...
(<i>elle s'essuie les yeux</i>) j'ai aussi une nouvelle forme de Berret
qui a fait sensation à la dernière représentation de madame
Méric-Lalande, au théâtre <i>Saint-Charles</i>.... si mademoiselle veut l'essayer?

LE COMTE.

Sans doute.... sans doute... passe dans ton appartement,
ma chère Juliette ; achète tout ce qui te conviendra.

AIR *de la Valse des Comédiens.*

Pour adoucir l'ordre dont tu murmures,
Choisis, ma chère, au gré de ton désir.

ZANETTA.

C'est juste... il faut de nouvelles parures,
Pour apaiser chaque nouveau soupir.
Combien ainsi la douleur a de charmes ;
Ah ! croyez-moi, loin de vouloir guérir,
Sans vous gêner, laissez couler vos larmes ,
Par le chagrin vous allez embellir.

ENSEMBLE.

Pour adoucir l'arrêt dont $\Big\{$ je murmure,
tu murmures,

Je vais, $\Big\{$ choisir au gré de $\begin{matrix} \text{mes} \\ \text{tes} \end{matrix}$ $\Big\{$ désirs.
Tu vas,

Et je verrai, $\Big\{$ si vraiment la parure,
Et tu verras,

Peut de mon $\Big\{$ cœur apaiser les soupirs.
Peut de ton

*(Juliette rentre dans son appartement à droite de l'ac-
teur ; Zanetta la suit après avoir salué le Comte.)*

SCÈNE III.

LE COMTE, *seul.*

Voilà justement ce que je craignais.... une rencontre....
un amour de roman.... mais je suis averti à tems, Dieu
merci.... et je réponds bien.... voici fort à propos ce fripon
de Saint-Jean.... commençons par me débarrasser de lui.

SCÈNE IV.

LE COMTE, SAINT-JEAN.

SAINT-JEAN , *avec un paquet.*

Monsieur le comte.... ce sont les lettres et les dépêches
arrivées de Madrid par l'estafette.

LE COMTE.

Bien.

SAINT-JEAN.

J'ai porté moi-même les invitations pour le dîner que doit donner M. le comte, chez le consul de France, l'envoyé de Portugal, l'ambassadeur de Prusse.... parce que les affaires diplomatiques, c'est si délicat... Je ne m'en rapporte qu'à moi seul....

LE COMTE, *ironiquement*.

C'est beaucoup de zèle.

SAINT-JEAN.

De là, je suis passé à l'Opéra pour louer la loge de Votre Excellence, dont l'abonnement était expiré.

LE COMTE.

Qui te l'avait ordonné?

SAINT-JEAN.

Personne.... cela allait sans dire.... un diplomate sans loge à l'Opéra, ça a l'air (*à demi-voix et à part*) d'un ambassadeur à la demi-solde.

LE COMTE.

Quand je dis que c'est lui qui commande ici...

SAINT-JEAN.

D'ailleurs, Votre Excellence sait bien que c'est utile aux progrès des beaux arts.

AIR : *Ces Postillons.*

Votre présence encourage, électrise,
Les beaux arts et les entrechats ;
Car l'amateur remarque avec surprise,
Que l'opéra danse mal, lorsqu'hélas !
Les ambassadeurs n'y sont pas,
Pour quel motif ?... qu'un autre ici l'explique ;
Mais il est donc quelques rapports secrets
Entre le corps diplomatique,
Et celui des ballets.

Du reste, M. le comte n'a pas d'autres ordres à me donner?

LE COMTE , *de même*.

Je n'en ai plus qu'un... quels sont vos gages chez moi ?

SAINT-JEAN , *à part*.

Une augmentation... déjà... peste , cela va bien ! (*haut*) Excellence... certainement ce n'est pas l'intérêt qui me guide... il est vrai que, remplissant auprès de monsieur le comte les fonctions de valet de chambre interprète.... cela mérite....

LE COMTE.

Interprète... oui, je me rappelle que c'est en cette qualité que tu t'es présenté à mon arrivée à Naples... et tu ne sais pas deux mots d'espagnol , ni d'italien... C'est tout au plus si tu sais le français.....

SAINT-JEAN.

C'est possible... depuis deux ans que j'ai quitté Paris.... la langue a peut-être changé.... ça commençait déjà ; mais Son Excellence parle si bien français..cela revient au même; et nous nous entendons parfaitement.

LE COMTE , *avec impatience*.

Au fait... vos gages ?

SAINT-JEAN , *humblement*.

Deux cents piastres , Excellence....

LE COMTE:

Il y a deux mois que nous sommes ici ; dites à mon intendant de vous compter cinquante piastres.... vous pouvez aller chercher fortune ailleurs...

SAINT-JEAN , *stupéfait*.

Comment , monsieur le comte !.. Cela signifie?...

LE COMTE , *sèchement*.

Que je te chasse, et que je ne veux pas que dans une heure on te trouve chez moi.... ceci n'est pas de l'espagnol.... je crois que tu m'entends ?

SAINT-JEAN.

Est-il possible !... on m'aura calomnié auprès de monsieur le comte.... après les marques de dévouement, d'attachement...

LE COMTE.

Oui... un attachement à deux cents piastres par an.... il suffit... point d'explication... vous ne me convenez plus.

SAINT-JEAN.

Et pour quelle raison, monseigneur ? car encore faut-il donner des raisons aux gens que l'on destitue... C'est une indemnité.

LE COMTE.

Vous êtes trop ignorant pour un diplomate... et il faut à mon service des gens habiles...

SAINT-JEAN.

La modestie m'empêche de répondre ; et plus tard, monsieur rendra peut-être plus de justice à mes talens.... en attendant, Excellence, mon premier devoir est de vous obéir.... je vais faire mon paquet, et voir si l'ambassadeur de Russie a besoin d'un interprète.

Il sort.

SCÈNE V.

LE COMTE , *seul.*

L'effronté !.... il sait le russe comme l'espagnol !... n'importe, m'en voilà débarrassé...; les intelligences que l'on s'était sans doute ménagées dans ma maison, se trouvent rompues sans espoir, et ma fille est sauvée ! (*il s'approche du bureau*) Voyons les dépêches de l'Escurial; (*il ouvre plusieurs lettres*) Note à communiquer..., renseignemens à demander... (*Il écrit en marge*) renvoyé à mes secrétaires.. (*Il prend une lettre*) quelle est cette écriture inconnue ? (*Il l'ouvre et regarde la signature*), le marquis d'Avéiro.... mon ancien protecteur... Celui à qui je dus autrefois ma fortune à la cour.. On l'attendait à Naples d'un jour à l'autre.. Il aura donc changé d'idée : voyons vite... (*Il lit*) « Mon

» cher comte, pour la première fois que je vous écris.... »
(*S'interrompant*) C'est vrai...(*Lisant*) « vous me trouverez
» bien indiscret de débuter par réclamer un service de votre
» amitié...»(*S'interrompant*), il aurait besoin de moi... quel
bonheur !.. quoique depuis vingt ans nous nous soyons perdus de vue... je serais si heureux... (*Il lit*) « J'ai un fils uni-
» que qui faisait tout mon espoir, et dont la conduite m'a-
» breuve de chagrins et de honte. Après avoir parcouru la
» France et l'Italie, le chevalier s'est arrêté à Naples... Je
» ne savais à quoi attribuer les retards qu'il apportait tou-
» jours à son retour auprès de moi... Je viens d'apprendre
» enfin qu'un amour insurmontable et indigne de lui en
» était la seule cause;»(*s'interrompant*) ah ! bon dieu! (*il
lit*) « oui, mon ami, c'est pour une petite fille sans naissance,
» sans éducation.... enfin, je rougis de le dire, pour ce
» que l'on appelle à Paris une grisette, que l'héritier des
» d'Avéiro, le fils d'un grand d'Espagne, va peut-être re-
» noncer pour toujours à sa famille et à son pays...»(*s'interrompant*), est-il possible! (*Il lit*) « Les dernières nou-
» velles que je reçois, m'annoncent qu'il se cache à Naples
» sous le nom de Frédéric, et qu'il loge au faubourg de la
» Cyaya, près du vieux palais.... Au nom de notre amitié,
» mon cher comte, usez du pouvoir que votre mission vous
» donne, pour chercher, pour découvrir le chevalier...;
» emparez-vous de lui..., qu'il ne quitte pas votre maison.;
» j'approuve d'avance tous les moyens que vous emploie-
» rez pour le guérir de sa folie, et l'empêcher de faire un
» pareil mariage !... Si vous me rendez mon fils, ma vie
» entière ne suffira pas pour reconnaître un pareil bienfait!.
» *Post scriptum.* Pour vous aider dans vos recherches... je
» joins ici le portrait du chevalier.. vingt-cinq ans,» etc., etc.
(*Fermant la lettre*), pauvre père !... ah ! sans doute, je
ferai pour le chevalier ce que je ferais pour mon propre
fils... mais une intrigue... un jeune homme !...

AIR *de Turenne.*

Pour le découvrir comment faire ?
A Naples, où l'on en voit tant :
Un tel emploi ne convient guère
A mon âge, ainsi qu'à mon rang.

D'ailleurs, et mon tems et mes peines
Sont consacrés au service du Roi;
Et je serai forcé d'avoir, je croi,
Quelqu'un pour faire ici les miennes.

Parbleu, voilà une occasion où j'aurais eu besoin d'un intrigant de profession; et je viens de renvoyer le seul que j'eusse à mon service.... ce Saint-Jean.... c'était l'homme qu'il nous fallait.... chut!.... le voici....

SCÈNE VI.

LE COMTE, SAINT-JEAN.

LE COMTE.

Ah! c'est encore toi!

SAINT-JEAN.

Oui, monsieur le comte.... l'injustice ne me rendra jamais ingrat.... j'ai voulu vous présenter mes devoirs avant de partir.

LE COMTE.

Tu as eu raison.... car aussi bien je voulais te parler.

AIR *du vaudeville du Colonel.*

Ta conduite aurait pu suffire,
Pour te valoir à coup sûr ton congé;
Mais j'ai changé d'idée.

SAINT-JEAN.

Oui... c'est-à-dire,
Que la circonstance a changé.

LE COMTE.

Peut-être aussi, du moins je le désire,
Ai-je eu des torts... ce matin avec toi.
Et l'équité...

SAINT-JEAN.

J'entends... cela veut dire,
Que Monsieur a besoin de moi...
Monseigneur a besoin de moi.   *bis.*

LE COMTE.

Précisément... (*à part*) au fait... je le chasserai toujours après.... (*haut*) je l'avoue, une affaire assez délicate qui demande de l'adresse, de l'activité.... et pour laquelle ta récompense est toujours prête....

SAINT-JEAN.

Parlez, monsieur le comte.... que faut-il faire?

LE COMTE.

Me découvrir aujourd'hui même un jeune espagnol qui se cache à Naples sous un nom supposé ... et qui est amoureux fou d'une petite grisette.

SAINT-JEAN.

Un jeune espagnol?

LE COMTE.

Le fils du marquis d'Aveiro.

SAINT-JEAN, *jouant la surprise*.

Le fils du marquis d'Aveiro!... ah! c'est lui qui est amoureux!... comme c'est désagréable pour sa famille!... c'est peut-être un parent de monsieur le comte?...

LE COMTE.

Il ne s'agit pas de cela.... peux-tu me le trouver sur-le-champ?

SAINT-JEAN.

C'est difficile!.. les notions que vous me donnez sont bien vagues.

LE COMTE.

Comment! toi qui es lié avec tous les mauvais sujets?

SAINT-JEAN.

Pas de ce rang-là, monseigneur!... mais encore faut-il un point de départ.... l'intrigue est comme l'algèbre.... on ne peut aller que du connu à l'inconnu....

LE COMTE.

D'abord.... il se cache sous le nom de Frédéric.

L'Ambassadeur. 2.

SAINT-JEAN.

Ah ! c'est quelque chose....

LE COMTE.

Il loge à la Cyaya, près du vieux palais.

SAINT-JEAN.

Le numéro ?

LE COMTE.

Ah ! parbleu si je le savais.... c'est justement ce qu'il faut deviner....

SAINT-JEAN.

Nous avons un moyen d'opéra,... d'un joli opéra français.... mais je crois qu'il n'a pas encore été employé dans ce pays-ci ; je vais rassembler quelques matelots, quelques ouvriers ; je les conduis à la Cyaya.... nous crions au feu à tue-tête.... tout le monde se met aux fenêtres, vous reconnaissez votre homme, et alors....,

LE COMTE.

Eh ! imbécille !... je ne l'ai jamais vu....

SAINT-JEAN.

Ah ! je conçois, vous pourriez vous tromper !.... autre chose, Excellence... si nous faisions insérer dans les petites affiches de Naples ; car il y en a partout, des petites affiches... que le jeune Frédéric est invité à se présenter à l'ambassade d'Espagne, pour une affaire importante.

LE COMTE.

Il se doutera du piége et ne viendra pas....

SAINT-JEAN.

Parfaitement juste ! Votre Excellence a un tact,.... qui saisit sur-le-champ le côté faible de mes projets.... il y en a bien un auquel j'avais d'abord pensé.... mais c'est si simple.... si naturel ...

LE COMTE.

Ce sera probablement le meilleur.

SAINT-JEAN.

Puisqu'il est amoureux.... il doit écrire à sa belle.... on

doit lui répondre dix fois par jour au moins.... vous savez que ce sont les amoureux qui font la fortune de la petite poste ... Alors je me disais qu'il serait facile au premier bureau, ou par les facteurs, de savoir l'adresse exacte....

LE COMTE.

C'est cela parbleu.... le moyen est sûr....

SAINT-JEAN.

Moyen excellent....

LE COMTE.

Mais comment l'attirer chez moi? mon nom seul va l'épouvanter.

SAINT-JEAN.

Un espagnol qui se cache sous un faux nom, vous pouvez le réclamer.... obtenir l'ordre de le faire conduire au fort St.-Elme ou au château de l'Œuf.

LE COMTE.

Fi donc!.... le fils d'un ami, un éclat.... c'est justement ce que je veux éviter.

SAINT-JEAN.

Alors, monsieur le comte.... un enlèvement subit.. avec quatre ou cinq *Lazzaroni* on enlèverait tout Naples, sans que personne s'en aperçût.... et si vous daignez me charger de l'expédition, je vous promets que dans dix minutes...

LE COMTE.

Non, non, je ne veux pas que tu t'en mêles... je vais donner mes ordres en conséquence... une voiture sans armes; des valets sans livrées... allons, Saint-Jean, c'est bien;

AIR : *Dieu tout puissant par qui le comestible.*

Je suis content de ton rare génie.

SAINT-JEAN.

J'avais raison de vous parler d'abord
De mes talens pour la diplomatie.

LE COMTE.

Dis pour l'intrigue, et nous serons d'accord.

2*

SAINT—JEAN.

Quels préjugés! dans cette ville ingrate,
Tout, je le vois', dépend du traitement...
Cent mille écus, et l'on est diplomate :
A cent louis, l'on n'est qu'un intrigant.

ENSEMBLE.

LE COMTE.

Je suis content de ton rare génie, etc.

SAINT—JEAN.

Il est content de mon rare génie, etc.

Le comte sort.

SCÈNE VII.

SAINT-JEAN, *seul; il suit le comte des yeux.*

Allez, allez, monsieur le comte, allez chercher notre
jeune homme, et amenez-le ici... c'est tout ce que je vous demande... (*se frottant les mains*) Vous êtes bien fin !.. mais
vous avez donné dans tous mes piéges avec une grâce par-
faite !.. il ne se doute pas que celui qu'il va installer chez lui
avec tant de précautions, est un français.... juste l'amant de
sa fille.... et ce jeune Frédéric est loin de s'attendre à la manière dont je vais l'amener auprès de sa belle !... Au fait, il
m'a attendri, ce jeune homme....il ne m'a dit que deux mots,
en courant... mais avec cet accent qui part du cœur...
« Saint-Jean, deux mille piastres pour toi, si tu parviens
» à m'introduire chez l'ambassadeur ... » Deux mille piastres !... il est clair que c'est un amour véritable et honnête... la séduction n'a pas ce langage franc et décidé...
deux mille piastres !... mais il n'était pas facile de les gagner... L'ambassadeur n'est pas homme à se laisser duper,
comme un tuteur de comédie !.. soupçonneux.. défiant...
il fallait un moyen neuf.. hardi. — Rien n'a effrayé mon
audace.. une seule lettre glissée parmi les dépêches de Son
Excellence, a tout fait, tout prévu... Il faut convenir aussi
que cette lettre du marquis d'Aveiro est le chef-d'œuvre du
genre... sans connaître ni lui, ni son fils; sans savoir même

s'il en a un... je me rappelle seulement avoir entendu parler de ses anciennes liaisons avec mon maître... et sur-le-champ ma lettre est composée.

« Rare et sublime effort d'une imaginative !... »

et dont j'ai bien fait cependant de ne pas prévenir notre jeune amoureux; parce que ce sont des gens scrupuleux, délicats, qui jettent les hauts cris à la moindre petite ruse... et qui, après l'évènement, ne demandent pas mieux que d'en faire leur profit.... quand il sera ici, je n'aurai que deux mots à lui dire, et il ira bien... Voyons un peu... (*il regarde à la fenêtre*) bon, la voiture est déjà partie... monsieur le comte y met une activité... il se donne un mal pour me faire gagner mes deux mille piastres... le voilà qui se promène sous le péristyle, d'un air inquiet, impatient... je suis sûr qu'il prépare déjà son discours au chevalier, sur le danger des passions... Ah! mon Dieu! à propos de passions... j'ai oublié l'essentiel... il faut que j'en trouve une à mon jeune homme, moi...

> AIR *du Ménage de Garçon.*
>
> Dans ces lieux où je veux qu'il vienne,
> Bientôt il sera détenu;
> Mais, pour que mon maître y retienne
> Ce jeune amoureux prétendu,
> Il faut lui trouver impromptu
> Quelqu'amour tenant du prodige,
> Quelque passion d'opéra,
> Qui commence, quand on l'exige,
> Et finisse, quand on voudra.

Voyons, il me faut une petite fille... jolie, adroite... ça ne doit pas être difficile à trouver... qui vient là ?... c'est la modiste de mademoiselle... eh! mais.. elle est gentille... ma foi, autant celle-là qu'une autre.

SCÈNE VIII.

SAINT-JEAN , ZANETTA , *sortant de l'appartement de Juliette.*

ZANETTA.

Là !... il faut encore refaire ce berret... mon Dieu ! que

ces grandes dames qui ont du chagrin, sont difficiles à ha-
biller... rien ne leur va....

SAINT-JEAN, *s'approchant.*

Mademoiselle...

ZANETTA.

Ah pardon !.. monsieur, je ne vous voyais pas.

SAINT-JEAN.

.Un mot... je vous en supplie... j'ai peu de tems, et je
suis forcé d'aller droit au fait... dites-moi, avez-vous un
amoureux ?

ZANETTA, *étonnée.*

Comment, monsieur !.. qu'est-ce que c'est que ces ques-
tions-là ?

SAINT-JEAN.

Je conçois qu'avec une figure aussi piquante... ma demande doit vous paraître une impertinence... mais j'ai le
plus grand intérêt à savoir...

ZANETTA, *à part.*

Est-ce qu'il voudrait se proposer ? un valet de chambre
d'ambassade... un homme titré... ce serait un parti très-
sortable.

SAINT-JEAN.

Eh ! bien ?

ZANETTA.

Monsieur... on ne répond pas à des demandes aussi in-
discrètes... et, à moins que vous ne vous expliquiez plus
clairement...

SAINT-JEAN.

C'est que, moi, j'en ai un à vous proposer.

ZANETTA.

Un amoureux !.. quoi, monsieur ?

SAINT-JEAN.

Il ne s'agit que d'une ruse innocente; d'un amour sans
conséquence, d'une passion à part.... ça ne vous obligera

à aucun sacrifice contraire à vos sentimens particuliers...
si vous en avez.

ZANETTA.

Ah ! ça... qu'est-ce qu'il dit donc ?

SAINT-JEAN.

Qu'il y a cent piastres destinées à la jolie Zanetta... si
elle veut, pour quelque tems seulement, aimer monsieur
Frédéric.

ZANETTA.

AIR *de Marianne.*

Ah ! grand Dieu ! quelle audace extrême !

SAINT—JEAN.

Vous ne me comprenez pas bien.
Il suffit d'avouer qu'on l'aime,
Cela ne vous engage à rien.

ZANETTA.

Eh ! quoi, vraiment,
C'est un semblant ?

SAINT—JEAN.

Qui n'a rapport en rien au sentiment.

ZANETTA.

Ah ! c'est égal,
C'est toujours mal,
De feindre, hélas !
Un amour qu'on n'a pas.
Dût-on me traiter de bégueule,
J'aimerais mieux, et pour raisons,
Eprouver quinze passions,
Que d'en feindre une seule.

SAINT-JEAN.

Rien ne vous empêche de l'éprouver; ça n'en vaudrait que
mieux... un jeune homme charmant.... le fils du marquis
d'Aveiro.

ZANETTA.

Un marquis !

SAINT-JEAN.

Eh ! oui, sans doute... je n'irais pas vous proposer une

mésalliance... ; tout ce qu'on vous demande, c'est de répéter à l'ambassadeur, à tout le monde : « J'aime Frédéric...
» j'aime Frédéric...» mais d'un ton, là... vous savez bien..
quand vous aimez, ou quand vous voulez qu'on le croie...

ZANETTA.

Mais encore, faudrait-il connaître les gens, crainte seulement de se tromper.

SAINT-JEAN.

N'est-ce que cela ? je m'en charge.... ainsi donc, c'est
décidé.

AIR *des Maris ont tort.*

A mes vœux vous daignez vous rendre,
J'en étais sûr... car, en honneur,
Tous deux nous devions nous entendre...
Frédéric a donc votre cœur ;
Mais ne redoutez nulle erreur :
Avec nous, sans vous compromettre,
Vous devez vous y retrouver ;
Car l'amour qu'il va vous promettre,
Je me charge de l'éprouver.

ZANETTA.

Du tout, du tout..... si vous vous avisez de me faire des
déclarations... vous allez m'embrouiller... dites-moi, avant
tout, monsieur Saint-Jean, qu'est-ce qu'il faudra faire.

SAINT-JEAN.

Vous laisser adorer.

ZANETTA.

Me laisser adorer !.. bon, je sais ; ça n'est pas difficile...
mais si on me parle, que répondre ?

SAINT-JEAN.

Je vous l'ai déjà dit... *j'aime Frédéric*.... et ne sortez pas
de là.

ZANETTA.

Mais enfin, pourquoi cette ruse ?

SAINT-JEAN, *écoutant.*

Vous le saurez.... j'entends une voiture... c'est lui... vite,

descendez par le petit escalier... je vous rejoindrai bientôt,
et j'achéverai de vous donner les instructions....

ZANETTA.

C'est bien pour vous rendre service, au moins, monsieur
Saint-Jean ; car c'est terrible d'aimer comme ça quelqu'un...
sans avoir eu le tems de s'y préparer !...

*Saint-Jean la fait sortir par l'escalier dont la porte est
sur le premier plan, à gauche de l'acteur.*

SCÈNE IX.

LE COMTE, SAINT-JEAN.

LE COMTE, *entrant par le fond.*

Saint-Jean.

SAINT-JEAN.

Eh bien ! monsieur le comte... notre petite expédition ?

LE COMTE.

Elle a réussi...

SAINT-JEAN.

Ah ! et le jeune Frédéric ?

LE COMTE.

Il est là... dans l'appartement voisin.

SAINT-JEAN.

A merveille.... en l'interrogeant adroitement, il nous
sera facile... (*à part*) car avant tout, il faut le prévenir...
(*haut*) et si monsieur le comte le veut.... je vais le faire
entrer....

LE COMTE.

Non... non... je n'ai plus besoin de toi ; (*lui donnant
une bourse*) voilà trente piastres.... tu sais ce que je t'ai dit
ce matin... tu peux t'en aller.

SAINT-JEAN, *déconcerté.*

Comment, Excellence !.. après le service que je viens de
vous rendre....

LE COMTE.

Je te le paie... nous sommes quittes... mais pour d'autres raisons, à toi connues, je ne veux pas que tu remettes le pied chez moi... je t'ai même fait consigner à la porte... ainsi va-t-en... (*il va s'asseoir auprès de la table.*)

SAINT-JEAN, *à part.*

Oh! maledetto !.. impossible de prévenir ce jeune homme.. il va tout gâter..:.

LE COMTE, *élevant la voix.*

Vous m'avez entendu... monsieur Saint-Jean....

SAINT-JEAN.

J'obéis, monsieur le comte, j'obéis ; (*à part*) ma foi qu'il s'en tire comme il pourra... jusqu'à ce que j'aie trouvé quelque moyen de le secourir... (*Il sort du même côté que Zanetta.*)

LE COMTE, *seul.*

Ah!... voici notre jeune homme... (*souriant*) il doit être furieux !

SCÈNE X.

LE COMTE, FRÉDÉRIC, *suivi de deux valets.*

FRÉDÉRIC, *avec colère.*

Morbleu! m'enlever ainsi de chez moi!.. sans me dire un seul mot... sans daigner m'expliquer... (*Le comte fait signe aux valets de se retirer. Frédéric se tournant du côté du comte.*) Saurai-je enfin chez qui je suis?

LE COMTE, *se levant et allant à Frédéric.*

Chez moi, monsieur.

FRÉDÉRIC.

Dieu! le comte d'Aranza! le père de celle que j'aime!

LE COMTE.

Je vois que vous ne pouvez me pardonner la manière un peu brusque dont je vous ai forcé à me rendre visite.

FRÉDÉRIC.

Moi, monsieur ; (*à part*) c'est tout ce que je désirais... je ne cherchais qu'un moyen de me présenter.

LE COMTE.

Je vous prouverai bientôt que j'avais le droit d'agir ainsi: en attendant, je vous prie de m'écouter... Vous serez traité ici avec tous les égards que vous méritez.., vous mangerez à ma table, vous serez servi par mes gens... mais vous ne verrez personne et n'aurez d'autre société que la mienne, et celle de ma fille.

FRÉDÉRIC, *avec joie.*

Quoi, monsieur !

LE COMTE.

Toutes vos réclamations sont inutiles ; j'ai ordre de vous surveiller, et vous ne me quitterez pas... ainsi vous pouvez tout avouer... et reprendre votre véritable nom....

FRÉDÉRIC.

Mon nom !... je ne prétends pas le cacher... je suis Frédéric de...

LE COMTE, *l'interrompant.*

Je vous ai dit, monsieur, qu'il n'était plus tems de feindre, et j'exige maintenant que vous me disiez la vérité,

FRÉDÉRIC, *à part.*

Pour rester ici je dirai tout ce qu'il voudra... (*haut*) mais je vous demanderai, monsieur, ce qu'il faut vous avouer...

LE COMTE.

Que vous êtes le fils du marquis d'Aveiro, mon ancien ami.

FRÉDÉRIC.

Du marquis d'Aveiro !.. quoi ! monsieur, vous exigez?..

LE COMTE.

Oui, monsieur...

FRÉDÉRIC.

Je ne puis pas alors vous dire le contraire.

LE COMTE.

Le bel effort ! croyez-vous que je l'ignorais ?.. plus tard, jeune homme, nous parlerons de vous, de votre père, du chagrin que vous lui causez.

FRÉDÉRIC,

Moi, monsieur !

LE COMTE.

En attendant... je ne vous demande qu'une chose... : un noble Castillan n'a que sa parole.. promettez-moi, sur l'honneur, de ne pas vous échapper de cette maison.

FRÉDÉRIC.

Oh! pour cela, je vous le jure.

LE COMTE.

C'est bien, j'espère que nous finirons par nous entendre.

FRÉDÉRIC, *à part*.

Ça ne fera pas mal...

SCÈNE XI.

LES MÊMES, JULIETTE, *sortant de son appartement.*

Trio de Michel et Christine.

LE COMTE, *allant au-devant de Juliette.*

Approche donc, ma chère amie,
Monsieur n'est pas un étranger;
L'Espagne est aussi sa patrie;
   A demi-voix.
Et tu peux le voir sans danger.

JULIETTE, *s'avançant et lui faisant la révérence.*

O grands dieux ! ô surprise extrême!

LE COMTE.

Quoi donc ?

JULIETTE.

C'est lui.

FRÉDÉRIC, *à part.*

C'est elle—même.

JULIETTE.

Ce jeune homme qui nous suivait.

FRÉDÉRIC, *à part.*

Je crois qu'elle me reconnaît.

ENSEMBLE.

JULIETTE.

Quel trouble j'éprouve à sa vue !
Et combien mon ame est émue !
Oui, de surprise et de bonheur
Ah ! je sens là battre mon cœur.

FRÉDÉRIC.

Combien elle paraît émue !
Moment charmant ! ô douce vue !
Ah ! je sens là battre mon cœur,
Et d'espérance, et de bonheur.

LE COMTE.

Ah ! quelle rencontre imprévue !
Moi qui vais l'offrir à sa vue !
Pour déjouer un séducteur,
Cachons mon trouble et ma fureur.

JULIETTE, *à son père.*

Oui vraiment, c'est cet inconnu
Dont parlait Saint-Jean ?

LE COMTE, *à part.*

Quelle audace !
Ce fripon aurait—il voulu,
Introduire un autre à la place
Du chevalier d'Aveiro ?

JULIETTE.

Grands dieux !
Comme il fixe sur moi les yeux !

ENSEMBLE.

Ah quel plaisir! chez lui mon père,
Reçois celui qui m'a su plaire.
Ah! je sens là battre mon cœur
Et de surprise et de bonheur.

FRÉDÉRIC.

Je n'entends rien à ce mystère ;
Mais je vois celle qui m'est chère,
Et je sens là battre mon cœur
Et de plaisir et de bonheur.

LE COMTE.

On me trompe, la chose est claire ;
Mais je connaitrai ce mystère ;
Pour déjouer un séducteur,
Cachons mon trouble et ma fureur.

LE COMTE.

Oui, je puis savoir si c'est réellement le fils du marquis
d'Aveiro ; car, par bonheur, cette lettre que j'ai reçue ce
matin contient son signalement.

Il la prend et regarde.

FRÉDÉRIC, *à part.*

Le signalement !... je suis perdu.

LE COMTE, *lisant bas, et regardant Frédéric.*

Non... non... parfaitement conforme ... c'est bien lui.

FRÉDÉRIC.

Je suis sauvé... ma foi, je ne sais pas comment.

JULIETTE.

Eh ! mais qu'avez-vous donc, mon père ?... Vous êtes
tout ému.

LE COMTE.

Rien, rien, mon enfant... hola! quelqu'un... (*un domes-
tique entre*) conduisez monsieur à l'appartement qui lui est
destiné.... ; (*à Frédéric*) nous nous reverrons bientôt....
jusque-là, je vous laisse à vos réflexions.

Air *du vaudeville de la Somnambule.*

Mais songez—y, la fuite est impossible ;
Car, sur l'honneur, vous êtes prisonnier.

FRÉDÉRIC.

Une prison est toujours bien terrible;
Regardant Juliette.
Mais en ces lieux, quand je pense au geolier,
Je me soumets sans murmure et sans peines.
Loin de gémir de ma captivité...
Puissé-je hélas ! trop heureux de mes chaînes,
Ne recouvrer jamais ma liberté.

Il sort.

SCÈNE XII.

LE COMTE, JULIETTE.

JULIETTE.

Quoi ! mon père... il va loger ici ?.. avec nous ?.. et c'est un espagnol ?

LE COMTE.

Oui... le fils du marquis d'Aveiro.

JULIETTE.

Du marquis d'Aveiro ?

LE COMTE.

Mais il n'y faut plus penser... tu dois l'oublier.

JULIETTE.

Que voulez-vous dire ?

LE COMTE.

Qu'il est indigne de toi... qu'il en aime une autre... en un mot, qu'il ne mérite ni ta tendresse... ni tes regrets.

JULIETTE.

Il en aime une autre !

LE COMTE.

Et si tu savais, ma Juliette, quelle est la rivale qu'il te

préfère... une fille sans éducation, sans naissance... une petite ouvrière sans doute.

JULIETTE.

Il serait possible !.. non, je ne puis le croire... on le calomnie, mon père.

LE COMTE.

On le calomnie... quand j'ai la preuve... (*lui donnant une lettre*) tiens, regarde.

AIR *d'Une Heure de Mariage.*

Vois toi-même par cet écrit,
Que c'est une autre qu'il adore.

JULIETTE.

Mon cœur et s'indigne et frémit ;
Mais je ne puis le croire encore...
Oui, c'est moi dont il est épris.

LE COMTE.

Son père atteste le contraire.

JULIETTE.

N'importe... en pareil cas un fils
Doit en savoir plus que son père.
En pareil cas, je crois qu'un fils
Doit en savoir plus que son père.

LE COMTE.

Alors... s'il n'est pas possible de te convaincre...

SCÈNE XIII.

LES MÊMES , SAINT-JEAN , *dans le fond.*

SAINT-JEAN , *à part.*

Je n'ai pas d'autre moyen de rentrer ici, et de venir à son secours : voyons s'il est encore tems... (*haut*) monsieur le comte.....

LE COMTE , *l'apercevant.*

Comment, drôle !.. vous osez reparaître chez moi ?

SAINT-JEAN.

Oui, monsieur le comte... malgré vos ordres, j'ai forcé
la consigne... j'ai bravé votre colère... pour vous rendre un
service signalé... tant il est vrai qu'un attachement véritable survit même aux plus mauvais traitemens...

LE COMTE.

Qui te ramène ?..

SAINT-JEAN.

Votre intérêt... (*en confidence*) je viens vous garantir
d'un piège infernal... on vous trompe...

LE COMTE.

Moi?

SAINT-JEAN.

Je le sais mieux que personne... vous pouvez m'en croire..
je vous jure, sur l'honneur, qu'on vous trompe : je ne peux
pas mieux vous dire...

LE COMTE.

Et comment cela?

SAINT-JEAN.

C'est au sujet du fils du marquis d'Aveiro.... il est retenu chez vous... il est enchanté d'y être; car celle qu'il
aime est ici.

LE COMTE, *à part.*

O ciel! ma fille aurait-elle raison !... (*à Saint-Jean*) tu
la connais ?

SAINT-JEAN.

Oui, monsieur... mais il est inutile de vous la nommer...
maintenant que j'ai satisfait au besoin de mon cœur, en
vous donnant un avis salutaire... je me retire, monsieur
le comte.

LE COMTE, *le retenant.*

Non, non, reste donc... (*à part*) on a beau faire, ces co-
quins-là nous sont indispensables. (*haut*) Achève... dis-
nous quelle est celle qu'il aime ?

SAINT-JEAN.

Vous l'exigez ?..

L'Ambassadeur. 3.

JULIETTE.

Eh ! oui, sans doute... parle vite.

SAINT-JEAN.

Eh bien, mademoiselle, qu'elle vous réponde elle-même ; car la voici.

JULIETTE ET LE COMTE.

Que dis-tu ?... Zanetta !... ce n'est pas possible !

SCÈNE XIV.

LES MÊMES ; ZANETTA *entrant, et plaçant sur la table un carton.*

ZANETTA.

Mademoiselle, je vous rapporte votre berret... maintenant, je crois qu'il ira à merveille.

LE COMTE.

Il ne s'agit pas de cela... venez ici, mademoiselle.

ZANETTA, *d'un air interdit.*

Monsieur le comte...

LE COMTE.

Ne tremblez pas... je ne veux que savoir la vérité de votre bouche.

ZANETTA, *hésitant.*

La vérité...

LE COMTE.

Vous connaissez, dit-on, un jeune homme, nommé Frédéric.

ZANETTA, *affectant un grand trouble,*

Frédéric !... ô ciel !... quoi, monsieur !... vous savez... je suis perdue... (*bas à Saint-Jean*) est-ce bien ?

SAINT-JEAN.

Sublime.

JULIETTE, *à part.*

Il est donc vrai !

LE COMTE, *à Zanetta.*

Remettez-vous... je sais tout; mais il importe que vous me fassiez vous-même un aveu franc, et sans réserve.

ZANETTA.

Je n'ai rien à vous avouer, monsieur, je n'ai rien à vous dire, sinon que j'aime Frédéric.

LE COMTE.

Mais enfin....

ZANETTA.

J'aime Frédéric.

LE COMTE.

Mais, mademoiselle...

ZANETTA.

J'aime Frédéric... j'aime Frédéric et je ne sors pas de là... (*à Saint-Jean*) n'est-ce pas?..

SAINT-JEAN, *bas.*

Parfait...

LE COMTE.

Impossible de lui faire entendre raison... et savez-vous du moins quel est ce Frédéric dont vous partagez la folle passion ?.. vous a-t-il instruite de son nom... de son rang.

ZANETTA.

Je sais, comme vous, monsieur... que c'est le fils du marquis d'Aveiro.

LE COMTE.

Eh bien! ma fille ?

JULIETTE.

Il est donc vrai ! plus de doute; (*à Zanetta*) il suffit... Mademoiselle, vous ne travaillerez plus pour moi... Je vous prie de ne plus vous représenter ici...

ZANETTA.

Comment, mademoiselle !... (*bas à Saint-Jean*) ah! ça, si cet amour là va me faire du tort ?....

SAINT-JEAN.

Silence !

JULIETTE, *à son père.*

Et quant à mon mariage, mon père... je suis décidée maintenant ; j'épouserai qui vous voudrez ; et le plus tôt sera le mieux ! (*à part*) j'en mourrai, mais c'est égal ! (*elle rentre dans son appartement*)

SAINT-JEAN, *à part.*

Eh ! bien, voilà un danger que je n'avais pas prévu.... Il faut la détromper (*il veut la suivre*).....

LE COMTE.

Où vas-tu donc ?

SAINT-JEAN.

Moi, monsieur, nulle part... j'allais prendre les ordres de mademoiselle...

LE COMTE.

Reste ici, et ne me quitte pas...

SCÈNE XV.

LES MÊMES, *excepté* JULIETTE.

SAINT-JEAN, *à part.*

Diable !.. ça se complique.

ZANETTA.

Certainement, mademoiselle est bien injuste.... Si on perdait toutes ses pratiques parce que l'on a une inclination, il n'y a que les prudes qui feraient fortune.

LE COMTE, *à part.*

Décidément... je n'ai que ce moyen de sauver le fils de mon ami... (*à Saint-Jean*) Des siéges... je suis sûr que le marquis ne me désavouera pas... (*à Zanetta*) asseyez-vous, mademoiselle...

Saint-Jean a placé un fauteuil pour Zanetta, et rapproché celui de l'ambassadeur.

ZANETTA , *hésitant.*

Monsieur le comte...

LE COMTE.

Asseyez-vous et écoutez-moi... (*à Saint-Jean*) et toi
reste là...

SAINT-JEAN.

Que va-t-il faire ?

*Le comte s'assied. Zanetta, assise, est à sa gauche. Saint-
Jean se tient debout derrière le fauteuil du comte , de manière qu'il peut faire des signes à Zanetta, sans que le comte
s'en aperçoive.*

LE COMTE.

C'est une négociation toute nouvelle pour moi.....et je
ne sais pas trop comment m'y prendre... ma foi, allons au
fait, et sans préambule : (*à Zanetta*) Mademoiselle, vous
aimez Frédéric ?

ZANETTA , *voulant se lever.*

Oh ! oui, monsieur, j'aime...

LE COMTE, *la faisant rasseoir.*

Je le sais, vous me l'avez déjà dit, mais il a aussi une
famille qui l'aime, qui le chérit... une famille puissante
qui est décidée à employer contre vous des moyens de
rigueur.

ZANETTA.

Des rigueurs... qu'est-ce que c'est que ça ?

Saint-Jean lui fait signe de se tranquilliser.

LE COMTE.

Je vois que vous n'êtes point pour les rigueurs.... ni moi,
non plus... je les désavoue... et comme vous me parliez ce
matin du désir que vous aviez de vous établir en France ,
je me disais : Si mademoiselle Zanetta dont j'honore et dont
j'estime le talent, veut transplanter à Paris les modes et
les grâces napolitaines.... je me fais fort de subvenir aux
frais de voyage et d'établissement.

ZANETTA.

Quoi, monsieur, vous auriez la bonté ?...

LE COMTE.

Je pensais que mille piastres pourraient peut-être suffire....

ZANETTA.

Mille piastres ! (*St.-Jean lui fait signe de refuser*) mille piastres pour quitter ces lieux, pour quitter Frédéric !...

LE COMTE.

Deux mille....

ZANETTA.

Comment, monsieur, vous pouvez supposer.... qu'une passion comme celle-là.... aussi pure.... aussi délicate.... non certainement, non jamais....

LE COMTE.

Trois mille !

ZANETTA *veut se lever, et St.-Jean lui fait toujours signe de refuser.*

Trois mille !.... ah ! j'ai besoin de me répéter que j'aime Frédéric.... laissez-moi, monsieur, laissez-moi, craignez de m'outrager.... craignez d'insister....

LE COMTE.

Quatre mille....

ZANETTA.

Quatre mille ! (*même signe de St.-Jean.*) (*A part, en se levant*) Ma foi, monsieur Saint-Jean dira tout ce qu'il voudra... (*haut*) certainement.... monsieur le comte.... j'aime Frédéric.... et je l'aimerai toujours, d'abord.... ce pauvre Frédéric ! mais l'intérêt d'une famille... le devoir... quatre mille piastres.... et puis, ce qu'il y a de plus précieux pour une demoiselle, c'est la perspective d'un établissement.... car enfin Frédéric ne pouvait pas m'épouser....

LE COMTE.

Non... sans se brouiller avec sa famille : et vous ne voudriez pas faire son malheur.

ZANETTA.

Dieu ! que me dites-vous là... le malheur de Frédéric !..
plutôt me sacrifier !...

LE COMTE.

Air *de Céline.*

Ainsi, quelle est votre réponse ?

SAINT-JEAN.

Ah ! je tremble de la prévoir !

ZANETTA.

Il le faut, à lui je renonce ;
J'immole l'amour au devoir.

LE COMTE.

Quand c'est le devoir qu'on écoute,
Il finit toujours, mon enfant,
Par rapporter plus qu'il ne coûte.

ZANETTA.

Ah ! je le vois en ce moment.

LE COMTE.

Il rapporte plus qu'il ne coûte.

ZANETTA.

Ah ! je le vois en ce moment.

SAINT-JEAN, *frappant du pied.*

(*à part*) La petite sotte ! qui s'avise de penser à sa fortune....

SCÈNE XVI.

LES MÊMES, FRÉDÉRIC.

FRÉDÉRIC.

Monsieur le comte.... je venais.... ah ! pardon.... vous
êtes occupé.

LE COMTE.

Vous n'êtes pas de trop.... approchez, jeune homme....
(*le prenant par la main, et le menant en face de Zanetta*)
il est tems de parler franchement...

QUATUOR.

Fragment du final de la Dame Blanche : Je n'y puis rien comprendre.

LE COMTE, *à Frédéric.*

Voyez mademoiselle.

FRÉDÉRIC, *regardant Zanetta.*

Elle est gentille et belle ;
Mais dites-moi quelle est elle,
Car je ne la connais pas.

ZANETTA.

Quel est donc ce jeûne homme ?
Dites-moi comme il se nomme ;
Car je ne le connais pas.

LE COMTE.

ENSEMBLE.

Quel est donc ce mystère,
Celle qui sut lui plaire,
Lui semble une étrangère,
Il ne la reconnaît pas.

SAINT-JEAN.

Cette reconnaissance
Finira mal, je pense :
Comment sortir d'embarras ?

LE COMTE, *à Frédéric.*

Eh ! quoi l'aspect de cette belle
N'a pas sur vous des droits ?

FRÉDÉRIC.

Je vois, ici, mademoiselle
Pour la première fois.

LE COMTE.

Et toi, Saint-Jean, qui nous écoute,
Que penses-tu de tout ceci ?

SAINT-JEAN.

Qu'il a bien ses raisons sans doute,
Pour vouloir en agir ainsi.

LE COMTE, *à Frédéric.*

Vous vous croyez forcé, peut-être,
De méconnaître ses attraits ;
Mais cet amour que ses yeux ont fait naître ?

FRÉDÉRIC.

Moi!... jamais... je ne l'aimai jamais.

ZANETTA.

Quel est donc ce jeune homme ,
Dites-moi comme il se nomme ;
Car je ne le connais pas.

FRÉDÉRIC.

Quelle est donc cette belle ,
Dites-moi quelle est elle ;
Car je ne la connais pas.

ENSEMBLE.

LE COMTE.

Oui... le trait est original.

SAINT-JEAN.

Pour nous cela finira mal.

LE COMTE.

Vous êtes donc bien sûr de ne pas aimer mademoiselle ?

FRÉDÉRIC.

Faut-il, monsieur, vous faire de nouveaux sermens ?

LE COMTE.

Non, monsieur.... mais j'en voudrais une preuve.

FRÉDÉRIC.

Et laquelle ?

LE COMTE.

Me promettez-vous ?...

ZANETTA.

Mais, monsieur...

LE COMTE.

Taisez-vous ! (*à Frédéric*) me promettez-vous de renoncer
à mademoiselle ?

FRÉDÉRIC.

Sans hésiter.

SAINT-JEAN ; *à part.*

Le maladroit !...

LE COMTE.

Vous consentiriez à la quitter ?

FRÉDÉRIC.

Eh ! mais sans doute.

LE COMTE.

C'est tout ce que je demande... je suis content de vous...

FRÉDÉRIC.

Vous me rendez votre amitié ?

LE COMTE.

Oui, jeune homme... mon amitié... mon estime... dans une demi-heure vous ne serez plus ici.

FRÉDÉRIC.

Comment ! monsieur, qu'est-ce que cela veut dire ?

LE COMTE.

Que maintenant vous êtes digne d'embrasser votre père ; qu'il vous attend avec impatience... la chaise de poste, les chevaux, l'argent nécessaire pour votre départ, tout sera prêt dans la minute.

FRÉDÉRIC.

O ciel !

LE COMTE, à Zanetta.

Quant à vous, mademoiselle, restez ici... il faudra bien m'expliquer ce mystère, (regardant Saint-Jean) et si l'on m'a trompé...

SAINT-JEAN.

Oui, monsieur... c'est ce que je vais tâcher de savoir ; car je suis comme vous ! je m'y perds...

LE COMTE.

Eh bien ! par exemple... allons, allons... n'importe, il partira, c'est tout ce que je désire... attendez-moi là... je reviens dans l'instant.

Il sort par le fond.

SCÈNE XVII.

FRÉDÉRIC, SAINT-JEAN, ZANETTA.

FRÉDÉRIC.

Me renvoyer dans une demi-heure... et pour quelle raison ? pour quel motif ?

ZANETTA.

Oui, sans doute ; maintenant qu'on peut parler, qu'est-ce que ça signifie ?

SAINT-JEAN.

Que nous sommes perdus, ruinés... et par votre faute... à tous deux.

FRÉDÉRIC et ZANETTA.

Par la mienne ?..

SAINT-JEAN.

Depuis une heure, je vous fais des signes, et vous ne comprenez rien... j'avais tout prévu, tout arrangé... l'ambassadeur voulait garder chez lui le fils du marquis d'Aveiro pour le guérir d'une inclination roturière... le fils du marquis de... c'était vous... l'inclination, c'était mademoiselle.

ZANETTA.

Comment... c'est j'aime Frédéric ; il fallait donc le dire ?

SAINT-JEAN.

Et vous avez la maladresse de ne pas vous reconnaître...

ZANETTA.

Quand on ne s'est jamais vu.

FRÉDÉRIC.

Et surtout quand on n'est pas prévenu.

SAINT-JEAN.

Impossible depuis ce matin de vous voir ou de vous parler... que faire maintenant ?

ZANETTA.

Tout avouer à Son Excellence.

SAINT-JEAN.

Non pas... c'est moi qui paierais tous les frais...

FRÉDÉRIC.

Ecrire à ce marquis d'Aveiro dont tu m'as donné le nom...
c'est l'ami de l'ambassadeur, mais c'est aussi celui de ma
famille; et j'ai vu de lui une lettre, où il promettait de
parler en ma faveur.

SAINT-JEAN.

Il est à Madrid, et ne vous servira pas de si loin.... en
attendant vous perdez votre maîtresse, moi mes deux mille
piastres.

ZANETTA.

Et moi, mes quatre mille.

SAINT-JEAN.

Il n'y a donc qu'un moyen qui peut tout réparer... monsieur le comte va revenir... tenez-vous à demeurer chez lui,
à rester près de sa fille?

FRÉDÉRIC.

Tu me le demandes?

SAINT-JEAN, *montrant Zanetta.*

Eh bien! alors redevenez amoureux de mademoiselle.

FRÉDÉRIC.

Et Juliette, que dira-t-elle?

SAINT-JEAN.

Quand vous serez de la maison, ne trouverez-vous pas
vingt occasions de lui parler, de lui avouer la vérité?

FRÉDÉRIC.

Il a raison... eh bien! soit.., si mademoiselle veut me le
permettre, je l'aime, je l'adore, j'en suis fou... ah! son
nom?

SAINT-JEAN.

Zanetta... (*à Zanetta*), Vous, ma petite, vous connaissez
nos conventions, notre premier plan.

AIR *du Piége.*

Vous dévouant pour le salut public,
Que de nouveau l'un pour l'autre soupire.

ZANETTA.

Je le veux bien... je r'aime Frédéric,
Mais permettez-moi de le dire :
A chaque instant, changer ainsi soudain,
J'en conçois de l'inquiétude.
Ce n'est qu'un jeu, je le sais... mais enfin,
Ça peut en donner l'habitude ;
On peut en prendre l'habitude.

SAINT-JEAN.

Et les principes qui sont là, et dont vous ne parlez pas...
ou vient... allons, allons, du feu, du désordre, du pathé-
tique... c'est le père... (*à Frédéric, montrant Zanetta*)
Tombez à ses pieds... (*tirant son mouchoir*) Dieu ! quel tableau ! (*Frédéric se jette aux pieds de Zanetta.*)

SCÈNE XVIII.

LES MÊMES, LE COMTE.

LE COMTE, *voyant Frédéric aux genoux de Zanetta.*
Que vois-je !

SAINT-JEAN.

O spectacle touchant !.. triomphe de l'amour et de la
sensibilité... je ne puis retenir mes larmes...ah ! c'est vous,
monsieur le comte... (*Frédéric se relève*) Venez être témoin
d'une réconciliation... qui aurait attendri un barbare...

LE COMTE.

Une réconciliation... ceux qui ne se connaissent pas...

SAINT-JEAN.

Vous l'aviez bien deviné... c'était une ruse ; ou plutôt

c'était une querelle d'amoureux... car c'est au moment de
la séparation, que l'explosion a éclaté... deux volcans,
monsieur le comte... j'ai voulu les arrêter ; impossible... ils
se sont précipités dans les bras l'un de l'autre... en criant
qu'ils ne voulaient plus se quitter, non jamais ! plutôt mourir... enfin le délire de la passion...

LE COMTE.

Quoi, monsieur, au moment où j'avais tout préparé pour
votre départ ?

FRÉDÉRIC.

Maintenant, monsieur... il est impossible ! je reste...

LE COMTE.

Et vous, mademoiselle ! qui étiez déjà décidée à vous
sacrifier ?

ZANETTA.

J'avais trop présumé de mes forces, et je ne puis que
vous répéter ici ce que je vous ai notifié ce matin... j'aime
Frédéric, monsieur.

LE COMTE.

C'est connu... (à part) allons... il y a là-dessous quelque
chose d'inexplicable... mais on se moque de moi... c'est
clair... nous allons voir... (haut) je n'ai rien à dire... j'ai
voulu vous rendre à la raison... j'ai rempli mon devoir...
mais puisque rien ne peut vaincre cette grande passion, je
me rends.

TOUS.

Quoi ! monsieur ?

LE COMTE.

Votre père, le marquis d'Aveiro n'est point un barbare..
un tyran... « Si, après avoir tout tenté, m'a-t-il dit, vous
» pensez que cette jeune fille soit nécessaire au bonheur de
» mon fils... je vous promets de les unir. »

FRÉDÉRIC, quittant la main de Zanetta.

Comment ?

SAINT-JEAN, étourdi.

Oh ! Diavolo !

ZANETTA, *à part.*

Dieux ! épouser un marquis !

LE COMTE, *les observant.*

Votre constance méritait bien un pareil prix... et c'est dans la chapelle de l'ambassade, en ma présence, que vous allez être mariés.

FRÉDÉRIC.

Un moment.

SAINT-JEAN, *bas.*

Tenez ferme.

ZANETTA.

AIR *du Fleuve de la Vie.*

Qui, moi !... je deviendrais marquise !

LE COMTE.

Eh ! quoi... vous semblez refuser.

SAINT-JEAN, *bas.*

Déguisez moins votre surprise.

FRÉDÉRIC.

Veux-tu que j'aille l'épouser ?

SAINT-JEAN, *de même.*

Afin d'éclaircir ce mystère,
C'est une ruse, je le voi,
Je le laisserais dire...

ZANETTA.

Et moi,
Je le laisserais faire.

LE COMTE.

Eh ! mais quelle froideur !.. vous ne me remerciez pas?.. vous ne tombez pas dans mes bras ?..

FRÉDÉRIC.

Monsieur... certainement... je suis touché... mais mon père...

LE COMTE.

Je vous ai dit qu'il m'avait envoyé son consentement.

SAINT-JEAN, *vivement.*

Permettez... ce n'est pas dans la lettre.

LE COMTE.

Hein !.. Comment le sais-tu ?

SAINT-JEAN, *embarrassé.*

Je le sais... je... c'est-à-dire, je présume... parce qu'un homme comme le marquis d'Aveiro ne peut consentir à une mésalliance...

LE COMTE.

Saint-Jean....

SAINT-JEAN.

Monsieur....

LE COMTE.

Je te ferai mourir sous le bâton....

SAINT-JEAN.

Plaît-il, monsieur.... et pourquoi?

LE COMTE.

Je n'en sais rien... mais ce jeune homme... cet amour... ton trouble.... tu me trompes!...

SAINT-JEAN.

Moi!... monsieur le comte peut-il penser que je sacrifie ses intérêts à ceux d'un inconnu?....

LE COMTE.

Un inconnu!.... monsieur le valet de chambre interprète, expliquez-moi comment il se fait que ce chevalier d'Aveiro soit précisément l'inconnu dont vous avez parlé à ma fille?.. expliquez-moi comment ces jeunes gens s'aiment et ne se connaissent pas.... se raccommodent et ne veulent pas se marier...

SAINT-JEAN.

Monsieur, on ne peut pas expliquer les bizarreries du cœur humain... mais la vérité est que je ne suis pour rien dans tout ceci.... et si vous en doutez....

SCÈNE XIX.

LES MÊMES, UN VALET.

LE COMTE, *lisant une carte que le valet lui remet.*

Comment.... il est ici?

LE VALET.

Il attend monsieur le comte dans son cabinet!...

LE COMTE, *avec joie.*

Quel bonheur ! oh! pour le coup je vais enfin savoir la vérité (*au valet*) : que personne ne puisse sortir de l'hôtel (*aux autres*), et malheur à qui s'est joué de moi! restez tous... (*il sort avec le valet*).

SCÈNE XX.

FRÉDÉRIC, ZANETTA, SAINT-JEAN.

FRÉDÉRIC, *croisant les bras.*

Eh bien! Saint-Jean.

SAINT-JEAN.

Je n'y suis plus du tout.

ZANETTA.

Qu'est-ce que cela veut dire?

FRÉDÉRIC.

Ce nouveau personnage.

SAINT-JEAN.

Qui doit tout découvrir.

ZANETTA.

Je commence à avoir peur.

L'Ambassadeur. 4.

FRÉDÉRIC.

Voilà pourtant le résultat de tes ruses, de tes finesses et du personnage ridicule que tu m'as fait jouer... mais, songes-y bien; j'ai pu m'abaisser à cette feinte pour obtenir Juliette; mais si je la perds.... c'est à toi que je m'en prends, et je t'assomme.

SAINT-JEAN.

C'est cela.... l'ambassadeur d'un côté.... vous de l'autre, et pas de petite porte pour se sauver.

ZANETTA.

Ah ça, dites-moi au moins si j'aime toujours Frédéric.

SAINT-JEAN.

Il est bien question de cela! que devenir? quel parti prendre? l'ambassadeur est sur la trace.... l'intrigue va s'éclaircir.. nous n'avons plus qu'une ressource, monsieur, c'est de la compliquer tellement que ni monsieur le comte, ni nous-mêmes ne puissions plus nous y reconnaître.... comme ces gens qui, au moment d'une liquidation, embrouillent toujours les affaires.... c'est le seul moyen de faire les siennes,... qui vient là? est-ce l'ennemi? non, c'est mademoiselle Juliette.

FRÉDÉRIC.

Ah! je pourrai du moins la détromper.

SCÈNE XXI.

LES MÊMES, JULIETTE.

JULIETTE, apercevant Zanetta.

Comment, mademoiselle, encore ici?.... je vous trouve bien hardie.

FRÉDÉRIC.

Un mot seulement, car les instans sont précieux... votre père était dans l'erreur.... je vois aujourd'hui mademoiselle pour la première fois.

JULIETTE.

Il serait possible!

FRÉDÉRIC.

C'est vous seule que j'aime et que j'aimerai toujours.

JULIETTE.

Ah! je le disais bien.... c'est cette lettre de votre père qui avait tout embrouillé.... il se trompait aussi, n'est-ce pas, monsieur? mais, grâces au ciel, tout va s'éclaircir; car il arrive.... il vient d'entrer dans le salon.

FRÉDÉRIC.

Et qui donc?

JULIETTE.

Votre père.. le marquis d'Aveiro.

SAINT-JEAN.

Ah! grands dieux!

JULIETTE.

J'ai bien retenu son nom... lui, et mon père se sont enfermés, pour parler de nous, de notre mariage... et voilà j'espère de bonnes nouvelles.

FRÉDÉRIC, *à part.*

Oui, joliment... le marquis d'Aveiro!.. il ne nous manquait plus que cela.

SAINT-JEAN.

Voilà ce que je demandais... surcroît d'embarras.

JULIETTE.

Ne craignez rien, il vous pardonnera tout... il a l'air d'un si honnête homme.

FRÉDÉRIC, *perdant la tête.*

Oui... vous croyez... quelle figure a-t-il?

JULIETTE.

Comment, monsieur?...

ZANETTA.

Allons... il ne connaît pas son père à présent... il ne connaît personne, ce jeune homme.

FRÉDÉRIC, *apercevant le comte.*

Dieux! monsieur le comte!

4*

ZANETTA ET SAINT-JEAN , *en même tems.*
Monsieur le comte !

SAINT-JEAN.
De l'audace, et tenons-nous bien.

SCÈNE XXII ET DERNIÈRE.

Les mêmes , LE COMTE.

JULIETTE, *à son père , qui s'avance lentement en les regardant tous.*
Eh ! bien , mon père... le marquis d'Aveiro ?

LE COMTE.
Je le quitte à l'instant.

JULIETTE.
Vous venez sans doute chercher son fils , pour le conduire dans ses bras.

LE COMTE.
Je le voudrais... mais il n'y a qu'une petite difficulté... c'est que le marquis d'Aveiro n'a jamais eu de fils.

JULIETTE , *regardant Frédéric.*
Comment ?

SAINT-JEAN , *à part.*
De mieux en mieux.

FRÉDÉRIC, *à part.*
Quel supplice !

ZANETTA.
Ah ! ça, il paraît que le père n'aime donc pas Frédéric.

LE COMTE , *à Frédéric.*
C'est vous dire assez, monsieur, que si j'ignore encore qui vous êtes , et les moyens que vous avez employés pour me tromper.... je me doute du moins du motif qui vous a conduit chez moi .... et pour que vous perdiez tout espoir... pour que vous renonciez à jamais à la main de Juliette, je vous apprendrai que, cédant aux sollicitations du marquis d'Aveiro , je marie ma fille au fils d'un de ses amis.

JULIETTE ET FRÉDÉRIC.

O ciel !

LE COMTE

Oui, Monsieur... si mon gendre a le tort à mes yeux de ne pas être Espagnol, c'est du moins un homme estimable... un Français plein d'honneur et de franchise... qui vient d'être nommé secrétaire d'ambassade à Madrid... et ce gendre, dont le nom seul va déjouer tous vos projets... c'est le fils du baron de Cernay.

FRÉDÉRIC, *se jetant à ses genoux.*

Ah! quel bonheur !

LE COMTE, JULIETTE ET ZANETTA.

Eh ! bien... qu'est-ce qu'il a donc ?...

FRÉDÉRIC.

C'est moi-même... vous le voyez à vos pieds... apprenez...

LE COMTE.

A d'autres, monsieur... on ne me trompe plus ainsi.

FRÉDÉRIC.

Non, cette fois.. je vous jure que c'est la vérité.. je suis Frédéric de Cernay...

SAINT-JEAN.

Je l'affirme...

FRÉDÉRIC.

Et le marquis d'Aveiro va vous l'attester..

LE COMTE.

Pardon, monsieur... mais je ne reconnais pas en vous cette loyauté et cette franchise dont il me parlait..

FRÉDÉRIC.

Moi, monsieur, je ne vous ai jamais trompé.

LE COMTE.

Comment, monsieur... quand vous vous introduisez dans ma maison...

FRÉDÉRIC.

Non.. c'est vous-même qui m'avez fait arrêter et conduire chez vous.

LE COMTE.

C'est vrai... mais prendre un faux nom...

FRÉDÉRIC.

Je vous ai dit le mien... c'est vous qui avez exigé que j'en prisse un autre.

LE COMTE.

C'est vrai... mais feindre d'aimer une petite grisette.

FRÉDÉRIC.

Je n'y ai jamais pensé... vous avez été témoin que je n'ai pas reconnu mademoiselle.

LE COMTE, *souriant.*

C'est encore vrai... je suis forcé d'en convenir. (*vivement*) mais ce maudit mystère... je ne pourrai pas venir à bout... (*à Frédéric et à Juliette*) Eh! bien je vous pardonne, je vous marie, à une seule condition... c'est que vous m'expliquerez tout... cette lettre que j'ai reçue... cet amour prétendu... pour quel motif? dans quel but?

FRÉDÉRIC.

J'en suis désolé.. mais je n'en sais encore rien...

JULIETTE.

Ni moi..

ZANETTA.

Ni moi.

LE COMTE.

Ah! c'est trop fort!.. je donnerais cent piastres à celui qui me dirait qui m'a écrit cette lettre.

SAINT-JEAN, *tendant la main.*

Je les prends..

LE COMTE.

Comment?

SAINT-JEAN.

C'est moi, monsieur.

LE COMTE.

Toi, coquin.

SAINT-JEAN.

Oui, monsieur... par humanité, par bonté d'ame... je voulais servir l'amour de ce jeune homme et vous contraindre à le retenir chez vous...

LE COMTE.

Je comprends... Ah! morbleu!... mais je n'ai que ma parole, tu auras tes cent piastres... Si je ne craignais d'ébruiter l'aventure, j'y joindrais autre chose.

SAINT-JEAN

Tout ce que je demande à monsieur le comte... c'est un certificat de talens diplomatiques.

LE COMTE.

Et en quoi l'as-tu mérité ?

SAINT-JEAN.

Pour avoir tenu en échec pendant deux heures un diplomate aussi distingué que monsieur le comte... avec cela... je suis sûr d'être placé tout de suite.

LE COMTE.

Comment, drôle...

ZANETTA.

Ah ! ça... Et moi... mon établissement... mon voyage à Paris ?

SAINT-JEAN.

Je vous y conduirai, aimable napolitaine... si vous voulez accepter ma main... je vous ai promis un amoureux, (*présentant sa main*) Eh ! bien... je vous offre un mari...

ZANETTA.

Ce n'est pas tout-à-fait la même chose... mais c'est égal... je me risque et je pars pour Paris.

CHOEUR FINAL.

Air *Nouveau de* M. HEUDIER.

Allons nous mettre en voyage,
L'amour embellit notre sort ;
Et sans éprouver de naufrage,
Puissions-nous arriver au port !

ZANETTA, *au Public*.

Air *nouveau de* M. HEUDIER.

Je quitte Naples pour la France,
Ce voyage offre des dangers ;
Mais on dit qu'avec indulgence,
On y traite les étrangers.
Suivant cette heureuse méthode,
Daignez, Mesdames, dès demain,
Mettre la modiste à la mode,
En adoptant son magasin.

CHŒUR.

Allons nous mettre en voyage, etc.

FIN.

Le libraire POLLET étant seul éditeur des ouvrages de M. SCRIBE, *on trouve chez lui tous les Vaudevilles de cet Auteur.*

MICHEL ET CHRISTINE, vaudeville en un acte, de MM. *Scribe* et *Dupin*. 1 50

LA DEMOISELLE ET LA DAME, ou Avant et Après, vaud., par MM. *Scribe*, *Dupin* et *F. de Courcy*. 1 50

LA VÉRITÉ DANS LE VIN, vaud. de MM. *Scribe* et *Mazères*. 1 50

UN DERNIER JOUR DE FORTUNE, vaud., par MM. *Dupaty* et *Scribe*. 1 50

RODOLPHE, ou Frère et Sœur, drame en un acte, par MM. *Scribe* et *Mélesville*. 1 50

L'HÉRITIÈRE, vaud. en un acte, par MM. *Scribe* et *G. Delavigne*. 1 50

LE COIFFEUR ET LE PERRUQUIER, vaud. en un acte, par MM. *Scribe*, *Mazères* et *Saint-Laurent*. 1 50

LA MANSARDE DES ARTISTES, vaud. en un acte, par MM. *Scribe*, *Dupin* et *Varner*. 1 50

LE BAISER AU PORTEUR, vaud. en un acte, par MM. *Scribe*, *Justin-Gensoul* et de *Courcy*. 1 50

LE DINER SUR L'HERBE, tableau – vaud. en un acte, par MM. *Scribe* et *Mélesville*. 1 50

LES ADIEUX AU COMPTOIR, vaud. en un acte, par MM. *Scribe*, *Mélesville*. 1 50

LE CHATEAU DE LA POULARDE, v. en un acte, par MM. *Scribe*, *Dupin* et *Varner*. 1 50

LE PARLEMENTAIRE, vaud., par MM. *Scribe* et *Mélesville*. 1 50

M. TARDIF, vaud., par MM. *Scribe* et *Mélesville*. 1 50

LE BAL CHAMPÊTRE, ou les Grisettes à la campagne, tableau – vaudeville, par MM. *Scribe* et *Dupin*. 1 50

CORALY, com.-vaud. en un acte, par MM. *Scribe* et *Mélesville*. 1 50

LA HAINE D'UNE FEMME, ou le Jeune Homme à marier, vaud., par M. *Scribe*. 1 50

VATEL, ou le Petit-Fils d'un grand homme, vaud., par MM. *Scribe* et *Mazères*. 1 50

LA QUARANTAINE, comédie-vaud. en un acte, par MM. *Scribe* et *Mazères*. 1 50

LE PLUS BEAU JOUR DE LA VIE, comédie-vaudev., par MM. *Scribe* et *Varner*. 1 50

LES INSÉPARABLES, vaud. en un acte, par MM. *Scribe* et *Dupin*. 1 50

LE CHARLATANISME, com.-vaud. en un acte, de MM. *Scribe* et *Mazères*. 1 50

LES EMPIRIQUES D'AUTREFOIS, vaud. en un acte, par MM. *Scribe* et *Alexandre*. 1 50

LE MAUVAIS SUJET, comédie-vaud. en un acte, par MM. *Scribe* et *Camille*. 1 50

LES PREMIÈRES AMOURS, ou les Souvenirs d'enfance, com. vaud., par M. *Scribe*. 1 50

LE MÉDECIN DE DAMES, coméd.-vaud., par MM. *Scribe* et *Mélesville*. 1 50

LE CONFIDENT, vaud., par MM. *Scribe* et *Mélesville*. 2 »

LES MANTEAUX, vaudeville en deux actes, par MM. *Scribe*, *Varner* et *Dupin*. 2 »

LA DEMOISELLE A MARIER, com.-vaudeville, par MM. *Scribe* et *Mélesville*. 2 »

LA BELLE-MÈRE, com-vaud., par MM. *Scribe* et *Bayard*. 2 »

L'ONCLE D'AMÉRIQUE, com.-vaud., par MM. *Scribe* et *Mazères*. 2 »

LA LUNE DE MIEL, comédie-vaudeville en deux actes, par MM. *Scribe*, *Mélesville* et *Carmouche*. 2 »

SIMPLE HISTOIRE, comédie-vaudeville, par MM. *Scribe* et de *Courcy*. 2 »